EDIMBURGO
EN 2 DÍAS

EL PAÍS El Viajero city

EDI

Mapa del centro de Edimburgo

York Place
Museum of Antiqueties
St. Mary's Met Cathedral
Carlton Gallery
Regent G
City Observatory
St. James Shopping Centre
National Monument
Calton Hill
Nelson Monument
Leith
St. Andrew Street
St. David Street
Saint Andrew Square
Waterloo Place
St. Andrew's House
Tartans Museum
Rose Street
Princes Street
North Bridge
Waverley Station
Calton
Scott Monument
Waverley Bridge
Canongate Kirk
Royal Scottish Academy
The Fruit Market Gallery
New Street
East Market Street
Cano
The Mound
Market St.
City Art Center
John Knox's House
Canongate
National Gallery of Scotland
Cockburn
High Street
Royal Mine Gallery
Market St.
High Street
South Bridge
Blackfriars St.
St. Mary's Street
Tolbooth Kirk The Hub
Saint Giles Cathedral
National Library
Cowgate
University of Edinburg
Victoria
Supreme Court
e Terrace
Cowgate
George IV Bridge
Edinburgh University
Grassmarket
Edinburgh University
Drummon Street
Grassmarket
Chambers
Signet Library
Pleasance Festival Theatre
OLD TOWN
Greyfriars Churchyard
Royal Museum of Scotland
Richmond Place
Pleasanace
Festival Theatre
Greyfriars Kirk
George Heriot's School
Heriot Place
Potter Row
Hill Place
Nicholson Street
West Nicholson St.
Lauriston Place
Holyrood Pa
Edinburgh University
Howden Street
West Nicholson Street
St. Leonard's Hill
East Cross Causeway
George Square
Buccleuch
Buccleuch Place
Clerk St.
Rankeillor Street
Meadow Lane
Odeon Film Centre
Montague Street
The Meadows
Saint L
Bernard Terrace
The Meadows
Queen's Hall
King's Hall
Melville Drive
Melville Drive
Lutton Pla

5 paseos por Edimburgo

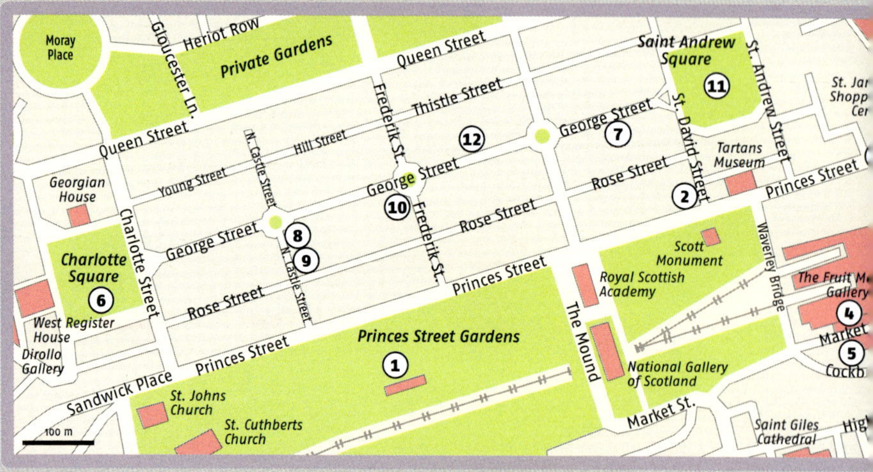

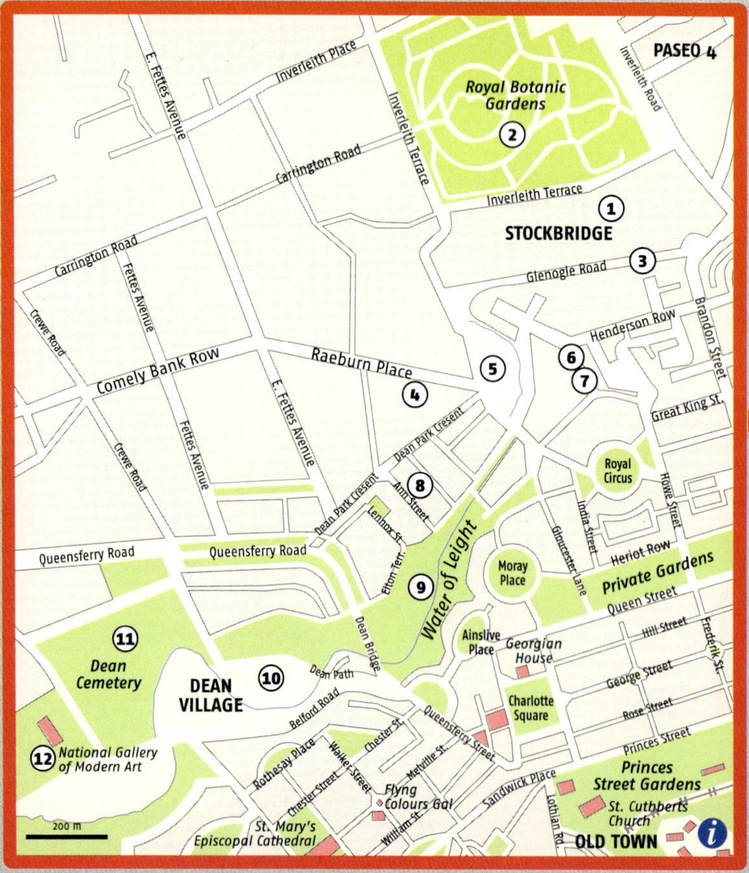

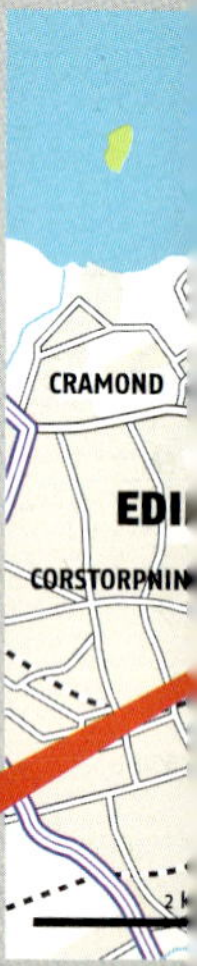

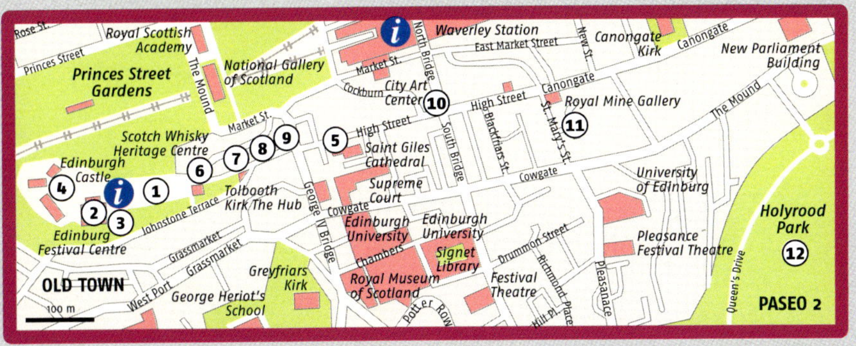
Rose St.
Royal Scottish Academy
Princes Street
Princes Street Gardens
The Mound
National Gallery of Scotland
Waverley Station
East Market Street
Market St.
North Bridge
New St.
Canongate Kirk
Canongate
New Parliament Building
Cockburn
City Art Center
High Street
Canongate
Royal Mine Gallery
The Mound
Market St.
Scotch Whisky Heritage Centre
High Street
Saint Giles Cathedral
South Bridge
Blackfriars St.
St. Mary's St.
Edinburgh Castle
Tolbooth Kirk The Hub
George IV Bridge
Supreme Court
Cowgate
University of Edinburg
Holyrood Park
Johnstone Terrace
Cowgate
Edinburgh University
Edinburgh University
Edinburg Festival Centre
Grassmarket
Grassmarket
Chambers
Signet Library
Drummond Street
Pleasance Festival Theatre
Greyfriars Kirk
Royal Museum of Scotland
Festival Theatre
Richmond Place
Pleasance
Queen's Drive
OLD TOWN
West Port
George Heriot's School
Potter Row
Hill Pl.
100 m
PASEO 2

NEWHAVEN
LEITH
WARRISTON
EITH
PORTOBELLO
DEAN
OLD TOWN
AYMARKET
BINGHAM
NEWINGTON
NGSIDE
NIDDRIE
LIBERTON
GILMERTON

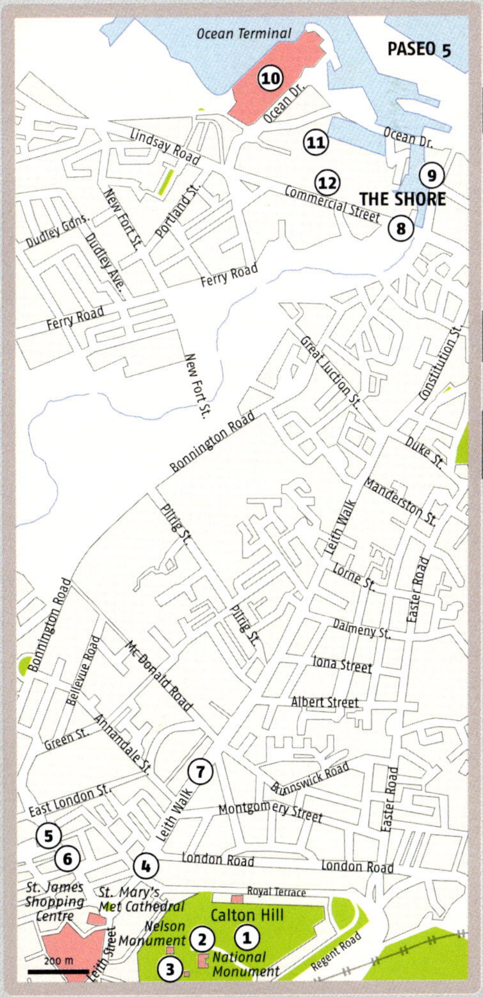
Ocean Terminal
PASEO 5
Ocean Dr.
Lindsay Road
Ocean Dr.
Commercial Street
THE SHORE
New Fort St.
Portland St.
Dudley Gdns.
Dudley Ave.
Ferry Road
Ferry Road
Great Junction St.
Constitution St.
New Fort St.
Bonnington Road
Duke St.
Manderston St.
Pilrig St.
Leith Walk
Lorne St.
Easter Road
Bonnington Road
Pilrig St.
Dalmeny St.
Mc Donald Road
Bellevue Road
Iona Street
Albert Street
Green St.
Annandale St.
Brunswick Road
East London St.
Leith Walk
Montgomery Street
Easter Road
London Road
London Road
Royal Terrace
St. James Shopping Centre
St. Mary's Met Cathedral
Calton Hill
Nelson Monument
National Monument
Leith Street
Regent Road
200 m

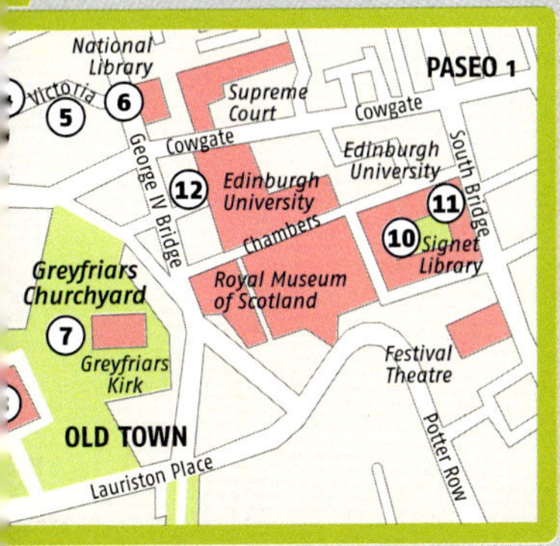
National Library
PASEO 1
Victoria
Supreme Court
Cowgate
Cowgate
George IV Bridge
Edinburgh University
South Bridge
Edinburgh University
Chambers
Signet Library
Greyfriars Churchyard
Royal Museum of Scotland
Greyfriars Kirk
Festival Theatre
OLD TOWN
Lauriston Place
Potter Row

Edimburgo en un vistazo

Cementerios y tiendas de viejo

La zona de Grassmarket guarda algunos de los secretos más lúgubres del pasado de la ciudad, y uno de los cementerios más visitados. Pero también hay aquí algunas de las tiendas de viejo más admiradas por los edimburgueses.
Página 14

Piedras con historia

Desde el castillo se ve la Royal Mile. Aquí hay que perderse por los callejones y conocer la historia del whisky, la bebida nacional. Y, si se está en forma, subir a la colina Arthur's Seat.
Página 20

Jardín mágico

Separado de las zonas más abarrotadas, en Stockbridge se respira aún la vida de un barrio típico. Junto a las *charity shop* que se multiplican en las principales calles de la zona, destaca el Royal Botanic Garden.

Página 32

Edimburgo en 48 horas

Dos días para disfrutar "a tope" de Edimburgo. Recorrer algunos de sus museos, dejarse llevar por la magia de su historia y de sus leyendas, conocer la zona del antiguo puerto de Leith y salir de copas por los bares de moda.

Página 44

Datos útiles

Casi todos los museos en Edimburgo son gratuitos. En el barrio de Leith están algunos de los mejores restaurantes. Y tiendas para comprar, desde un clásico whisky de malta a gorros de todos los colores.

Página 54

Sumario

5 paseos por Edimburgo

Estas cinco rutas recorren los principales lugares de interés de Edimburgo, desde el castillo, que hace siglos vigila la ciudad desde su privilegiada ubicación, hasta los barrios que, poco a poco, se han ido anexionando a la capital. Desde las tiendas con la ropa más *fashion* del momento a las más curiosas tiendas de viejo, una tradición escocesa.

Edimburgo en 48 horas

Para todos los gustos. Pasear por Royal Mile, curiosear las tiendas de Princes Street, recorrer la zona de Leith o descansar en alguno de los espectaculares jardines de la ciudad. Dos días intensos en una de las ciudades más interesantes del Reino Unido. ¿Alguien da más?

Página
44

La sección "48 horas" está estructurada en dos mañanas y dos tardes.

Datos útiles

Página
54

Información para acceder a los lugares de interés, disfrutar de la mejor cocina y encontrar los mejores clubes y discotecas.

5 paseos por Edimburgo

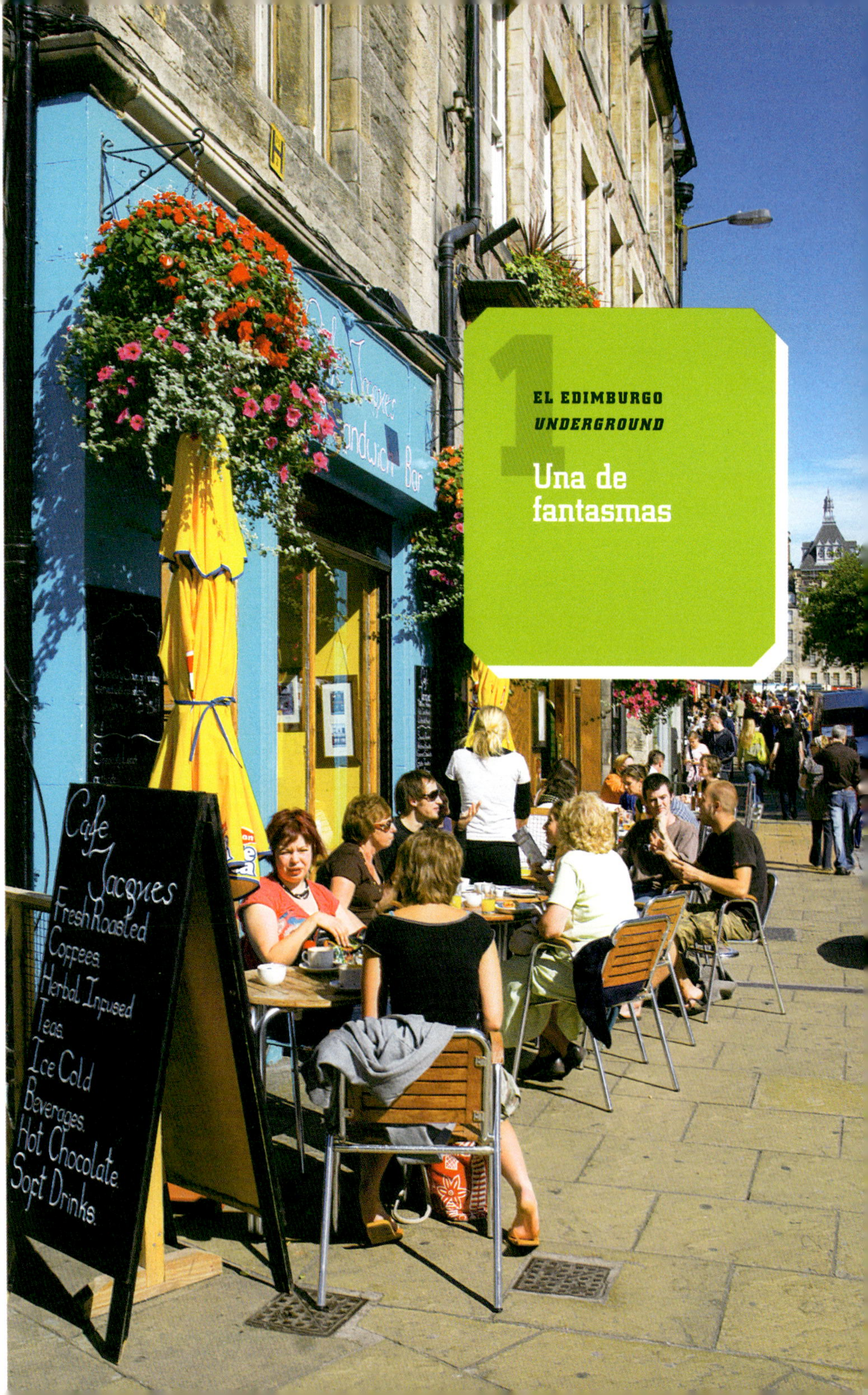

1

EL EDIMBURGO *UNDERGROUND*

Una de fantasmas

Cementerios embrujados, escaparates de colores, tiendas de viejo y venerables edificios en un barrio con pasado oscuro.

Grassmarket, al sur de la Royal Mille, es un barrio con pasado lúgubre. Fue escenario de ejecuciones públicas y, por sus calles, los asesinos Burke y Hare iban estrangulando a pobres incautos. Hasta que llegó el siglo XXI y las ganas de jarana. Hoy es un lugar cosmopolita de anticuarios, artesanos tremendamente creativos, bares alternativos y alegres escaparates. Su vecino es el venerable barrio de la universidad, donde hay numerosas librerías y la Signet Library, una de las bibliotecas más importantes de Gran Bretaña.

La ruta empieza en la gran plaza adoquinada de Grassmarket ①, flanqueada por altas mansiones. Durante cuatro siglos ahí berreó el ganado y gritó enfebrecida la población, que asistía a los ahorcamientos. En el pasado la justicia no vacilaba en marcar con hierro, amputar, ahogar o poner la soga al cuello por delitos tan nimios como el robo de comida. Una cruz de adoquines de color rosa señala en una esquina el emplazamiento de las ejecuciones.

Tiendas de viejo

Los edimburgueses, al igual que casi todos los nórdicos, adoran vivir en el exterior y esperan el menor resquicio de sol para lanzarse a la calle, momento en el que Grassmarket estalla en un batiburrillo de terrazas. Otra cosa que idolatran los locales, aparte del aire libre, son las tiendas de viejo, verdaderos templos de la moda más rompedora. Y en

↑ Libros con historia. Entrar en The Old Town Bookshop es un verdadero placer para aquellos que aman los libros.

← Punto de encuentro. Grassmarket tiene de todo y atrae a una clientela ecléctica con ganas de juerga.

Arte funerario. El cementerio de Greyfriars Churchyard acoge espléndidos monumentos funerarios de los siglos XVII y XVIII.

esta ciudad hay muchas. Los más jóvenes se vuelven locos por **Armstrongs** ❷, en el número 83 de Grassmarket (www.armstrongsvintage.co.uk). De sus percheros cuelgan abrigos de terciopelo, los vestidos más *kitsch* y las camisas más pop. Un puro delirio para los que les guste vestir a lo John Lennon.

El paseo prosigue por **Victoria Street** ❸, una calle deliciosa, algo caótica, jalonada de pintorescos escaparates. Vale la pena cruzar el umbral del número 8 y adentrarse en el reino del pergamino y el papel. En **The Old Town Bookshop** ❹ se puede fisgonear entre libros y grabados antiguos, algunos con más de cinco siglos de historia. En el número 32 se va a descubrir que el whisky no es sólo whisky. En **Demijohn** ❺ la retina se queda asombrada ante las hileras de garrafas de vidrio que atesoran líquidos aterciopelados, ambarinos, pajizos, cobrizos, anaranjados... Lo mejor es que dejan probar y dan permiso al paladar para que explore entre las mil y una variedades de la alquimia entre el agua, la cebada, la turba y el tiempo.

Detrás de la puerta roja del número 42 está The Red Door Gallery, una galería de arte que expone las últimas obras de los nuevos creadores y artistas edimburgueses. No es una galería al uso. Las telas, grabados y fotografías cohabitan con figuritas, joyas surrealistas e incluso estrambóticos peluches. Al final de Victoria Street se alza el **George IV Bridge** ❻. El puente fue construido en el siglo

EL MUSEO DEL BISTURÍ

Piezas morbosas

Este insólito museo ilustra la historia de la cirugía en Escocia. Es bastante morboso: hay instrumentos quirúrgicos, órganos, cráneos, bebés y la máscara mortuoria de Burke. Royal College of Surgeons. Nicolson Street. www.rcsed.ac.uk

XIX y bajo sus arcos se refugiaron y vivieron miserablemente los campesinos que llegaban de las Tierras Altas y de Irlanda. En 1994 las autoridades locales desescombraron las catacumbas y hoy se organizan visitas que permiten conocer cómo vivían sus antiguos moradores. Desde la esquina con Candlemarket alguien mira al paseante con ojos tiernos. Es Bobby, el famoso terrier que en 1858 decidió pasar los 14 años que le quedaban de vida velando la tumba de un policía escocés.

Los robacadáveres

Una historia emotiva con final feliz: el perro fue enterrado a dos pasos, en Greyfriars Churchyard 7, junto a su amo. Una visita al camposanto tiene su morbo. Hay una jaula de hierro, los escoceses la llaman *mort safe*, cuyo objetivo era proteger a los muertos de los traficantes de cadáveres. En el siglo XVIII los *bodysnatchers* o robacadáveres se dedicaban a conseguir cuerpos para las clases de anatomía a cambio de unas pocas monedas. Burke y Hare ni tan siquiera se molestaban en desenterrar a los fallecidos, atraían a pobres incautos a su guarida y los estrangulaban para suministrar material a los doctores. Ambos asesinos fueron ajusticiados en la vecina Grassmarket. Detrás del cementerio se alza George Heriot's School 8, levantada entre 1628 y 1660. Fue un orfanato para chicos y hoy es una de las escuelas más prestigiosas del país. En verano los alumnos organizan visitas guiadas por este espléndido edificio de

Durante el Festival de Teatro, en Grassmarket hay un mercado con todo tipo de cachivaches que recuerda el pasado del lugar.

EL ATRACTIVO DE LOS MUERTOS

Poltergeist en Greyfriars

En Greyfriars tuvieron que proteger a los muertos con jaulas de hierro ante la amenaza de los *bodysnatchers*, que robaban cuerpos a cambio de algunas monedas.

Los muertos, lejos de ahuyentar al personal, son toda una atracción turística. En Edimburgo se organizan rutas por los sitios más lúgubres. Una de las paradas es el Mausoleo Negro de Greyfriars. Aquí los visitantes aseguran que, al entrar, son víctimas de todo tipo de fenómenos. Se marean, sienten manos pero no las ven, notan presencias extrañas y ven ojos de mirada amenazante en los rincones más oscuros. ¡Mejor no separarse del grupo, por si las moscas! www.blackhart.co.uk

AFICIONADOS A LOS FANTASMAS. Los edimburgueses adoran las historias macabras y organizan rutas por el lado *más oscuro* de la ciudad.

torretas, chimeneas y puertas esculpidas.

Si no es demasiado temprano para una cerveza, un buen lugar es The Bow Bar 9, en el número 80 de West Bow. Un refugio tranquilo, de grandes espejos y mesas pequeñas, que invita a charlar o a descansar entre terciopelo verde. West Bow, flanqueada de bellas mansiones de comerciantes de principios del siglo XVIII, bien merece un paseo.

A dos pasos, en South Bridge esquina con Chambers Street, está la venerable universidad y una de las bibliotecas más importantes de Gran Bretaña: Signet Library 10. El Old College es la parte más antigua. Su construcción se inició en 1789 y hoy es la sede de la Facultad de Derecho y de la Talbot Rice Art Gallery 11, donde se puede admirar la colección Torne de pintura europea de los siglos XVI y XVII e interesantes exposiciones temporales de arte contemporáneo.

Para imbuirse del ambiente estudiantil hay que ir a Elephant House 12, en el número 21 de George IV Bridge. Es un local alegre repleto de divertidos elefantes y nada caro. Aseguran que cuando J. K. Rowling era pobre y no tenía ni para la calefacción, escribió aquí las primeras líneas de Harry Potter. Un buen sitio para tomar una copa es el Villager, en el número 49 de la misma calle. Lo bueno de los *pubs* escoceses es que hay cómodos sofás.

Old College. Este edificio es la sede de la Talbot Rice Art Gallery, donde se puede admirar pintura europea de los siglos XVI y XVII y exposiciones itinerantes de arte contemporáneo.

LUGARES DE INTERÉS DESTACADOS.

1 Grassmarket 2 Armstrongs 3 Victoria Street 4 The Old Town Bookshop 5 Demijohn 6 George IV Bridge 7 Greyfriars Churchyard 8 George Heriot's School 9 The Bow Bar 10 Signet Library 11 Talbot Rice Art Gallery 12 Elephant House

2

LA CIUDAD VIEJA

Un laberinto de callejones empedrados

Un paseo que empieza en el corazón medieval de Edimburgo, entre sorbos de whisky de malta, y acaba en la cima de un promontorio volcánico.

La historia de esta ciudad empieza en el promontorio rocoso de Castle Rock. Fue ocupado en el año 1000 antes de Cristo, y se lo han disputado pictos, vikingos, anglos, celtas, escoceses e ingleses. La Royal Mile es la espina dorsal del casco antiguo y une el castillo de Edimburgo con el palacio de Holyroodhouse. Encorsetada dentro de las murallas, durante los siglos XVI y XVII la ciudad triplicó su población y las callejuelas se convirtieron en un verdadero hormiguero humano donde se apiñaban todas las clases sociales. Se tenía que andar con cuidado. Los orinales se vaciaban directamente en la calle previo aviso de *gardy loo!* (¡agua va!).

La ruta por el laberinto de callejuelas, patios y *rascacielos* de piedra empieza en la **explanada del castillo** ❶, donde en agosto se celebra el Tattoo. Sólo es recomendable para los que disfruten con la pompa militar y se les ponga la carne de gallina con las gaitas (aunque algunos escoceses amen este desfile y lo retransmitan todas las televisiones del país). Al norte de la explanada, una fuente recuerda que, en ese lugar, fueron quemadas centenares de mujeres entre 1479 y 1722. En este país la persecución de brujas fue especialmente atroz, y a las pobres féminas, acusadas de comercio carnal con el mismísimo diablo, se les infligieron toda clase de torturas.

El pasado de Escocia

Ha llegado el momento de adentrarse en el templo de la historia de este

↑ **Callejones con leyenda.** Los bellos edificios que jalonan Lawnmarket eran habitados en la Edad Media por aristócratas, magistrados y comerciantes.

← **Respetuosos con las huellas del pasado.** Pocas capitales europeas han conservado tan bien su carácter medieval como lo ha hecho Edimburgo.

país. El **castillo de Edimburgo** ❷ alberga el Palacio Real, erigido en el siglo XV. En la **sala de la Corona** ❸ se exhibe la corona, el cetro y la espada de los reyes escoceses. Tras las murallas hay otros tesoros, como la **capilla de Saint Margaret** ❹ del siglo XII; un museo de la historia militar escocesa que muestra una colección de uniformes, armas y pinturas, que ilustran algunos de los episodios de las batallas más celebres, y las mazmorras, donde fueron encerrados los prisioneros jacobitas.

Para explorar el pasado medieval hay que recorrer el kilómetro y medio de la **Royal Mile** ❺, perderse entre los callejones a los que los edimburgueses llaman *closes*, y dejarse sorprender por un sinfín de curiosidades arquitectónicas. El **Scotch Whisky Heritage Centre** ❻, el número 354 de Castlehill, bien merece una visita. Se pueden conocer todos los misterios de la fabricación de la bebida nacional de este país y, con suerte, salir hecho un experto, capaz de distinguir un *singled malt* de un *blended whisky* o un *vatted malt.*

En Escocia sucede algo peculiar. Muchas iglesias han acabado teniendo otras funciones que nada tienen que ver con la liturgia sacra. **Tolbooth Kirk The Hub** ❼ es un buen ejemplo de ello. Esta iglesia, que tiene la aguja más alta de toda la ciudad —mide nada menos que 75 metros—, fue construida entre 1842 y 1844, y restaurada en los noventa para acoger el centro de información

> Cada día a la una de la tarde, desde el castillo de Edimburgo se dispara una salva que, antiguamente, servía como señal horaria a los navegantes del Firth of Forth.

MÁS QUE PALABRAS

Las mejores instantáneas

Hay que advertirlo, en Beyond Words las horas pasan volando. Suena la música de jazz y se puede curiosear entre espléndidos libros de fotografía.
Cockburn Street, 42-44.
Abierto de 10.00 a 18.00; domingos, de 13.00 a 18.00.
www.beyondwords.co.uk

Desde el siglo XI. Desde hace diez siglos, la vetusta fortaleza ejerce de vigía de la ciudad en este promontorio rocoso.

y las taquillas del Festival Internacional de Teatro. Si apetece, se puede tomar un café en su agradable terraza.

La inspiración de Stevenson

Cualquiera de los callejones abovedados que salen de **Lawnmarket** ❽ conducen a pequeños patios oscuros llenos de historias. Sólo para citar una, en el número 306 de Lawnmarket vivió William Brodie, diácono y consejero municipal que llevaba una doble vida. De día era ebanista y de noche ejercía de ladrón. Acabó sus días en 1788, en una horca que él mismo había creado. Se cree que Robert Louis Stevenson se inspiró en él para escribir su novela *El extraño caso del Dr. Jekyll y Mr. Hyde.*

En el número 479 de este tramo de la Royal Mile se esconde **Clova** ❾, que hará las delicias de las chicas más tiernas. Se puede abandonar esta tienda calzada con unas botas de flores y un paraguas rosa en la mano. No vendrá nada mal en un país en el que nunca deja de llover. Tras tanto trasiego por las calles empedradas del viejo corazón de Edimburgo, el cuerpo merece recuperarse ante un plato de comida caliente. El Dubh Prais, en el 123b, entre muros de color rosa, ofrece comida casera. Otra opción es algo que nunca falta en las mesas escocesas: la patata. En el 56 de Cockburnt Street, **The Baked Potatoes Shop** ❿ sirve en bandeja la fórmula de este país para comer caliente sin

INVERSIÓN MILLONARIA

El Parlamento de la polémica

Los escoceses decidieron, por aplastante mayoría, en un referéndum celebrado en 1997 restablecer el Parlamento en Edimburgo.

Es curioso, pero el Parlamento de Edimburgo es una de las mecas del turismo escocés. Fue inaugurado en 2004, y los autóctonos, a la primera oportunidad, se quejan del dineral que se invirtió en su construcción. No les falta razón, el edificio costó la friolera de 450 millones de libras. Fue proyectado por el arquitecto catalán Enric Miralles y ha recibido numerosos premios arquitectónicos, entre ellos el Premio Stirling del Real Instituto de Arquitectos Británicos (RIBA), que lo describió como un logrado intento de "transición orgánica entre la ciudad y el drama del paisaje escocés que lo rodea". El nuevo edificio es la apoteosis del lujo y está equipado con todas las innovaciones tecnológicas que puedan imaginarse. La sala de debates acoge las sesiones plenarias del Parlamento escocés, restablecido en 1999 tras tres siglos de interrupción.
www.scottish.parliament.uk

MULTIMILLONARIA INVERSIÓN. Este edificio ultramoderno de madera, piedra y acero no ha dejado de crear debate entre los escoceses desde que se inauguró en 2004.

rascarse demasiado el bolsillo. Al tubérculo se le añade de todo a gusto de cada cual: queso, huevos, curry, champiñones...

En High Street se suceden las bocacalles y los pintorescos patios interiores. Si no se tiene demasiado pavor a los fantasmas se puede dar un paseo por **Saint Mary's Street** ⓫, un laberinto de sombríos callejones del que los escoceses huyeron despavoridos tras la peste de 1645. La ruta continúa por Canongate, una población independiente formada por los canónigos de la abadía de Holyrood, que fue anexionada en 1856. En el número 175 se esconde The Old Children's Bookshelf, una librería para niños que atesora novelas y tebeos editados entre 1900 y 1970. ¡Os hará llorar de nostalgia! Para endulzar estos momentos de añoranza, muy cerca, en el número 197, está The Funge House of Edinburgh, que, desde hace medio siglo, tienta a los más golosos con pasteles de azúcar, leche y mantequilla.

"Coronando y dominando el conjunto se alzan las grandes moles del castillo y la cima del Arthur's Seat, desde la que se puede mirar de arriba abajo estas imitaciones con una dignidad plena de compunción". Robert Louis Stevenson tenía razón y los escoceses siempre lo recomiendan: el mejor sitio para ver todo Edimburgo desde las alturas es **Arthur's Seat** ⓬, en Holyrood Park, un promontorio volcánico que pone fin a la Royal Mile.

Consejo de sabio. El mismísimo Robert Louis Stevenson recomendaba subirse a la cima de Arthur's Seat y contemplar desde allí la ciudad de Edimburgo.

LUGARES DE INTERÉS DESTACADOS.
❶ Explanada del castillo ❷ Castillo de Edimburgo ❸ Sala de la Corona ❹ Capilla de Saint Margaret ❺ Royal Mille ❻ Scotch Whisky Heritage ❼ Tolbooth Kirk The Hub ❽ Lawnmarket ❾ Clova ❿ The Baked Potatoes Shop ⓫ Saint Mary's Street ⓬ Arthur Seat

3

LOS ESCAPARATES DE EDIMBURGO

Un paseo por New Town

Los escaparates más espectaculares y los clubes más *fashion*. Princes Street y George Street son las principales arterias comerciales de la ciudad y configuran el ensanche edimburgués.

En 1752 el gobernador George Drummond visionó una nueva ciudad al norte de la vieja. Drenó el nauseabundo Nor'Loch y mandó construir el North Bridge para unir las calles medievales con las de los nuevos barrios. El arquitecto James Craig fue el encargado de diseñar el ensanche de Edimburgo: al norte discurre Hill Street y al sur Princes Street; al este una plaza con el nombre del patrón de Escocia, Saint Andrew Square; y al oeste otra bautizada con el nombre de la esposa del de Inglaterra, Charlotte Square. New Town es un barrio señorial de fachadas georgianas, espacios verdes y calles en curva que se convirtió en lugar de moda entre las clases altas. Una agradable arteria comercial, en donde los escoceses, auténticos adictos a las compras, circulan ajetreados los sábados y los domingos.

El paseo empieza por los encantadores jardines de Princes Street ❶. En Escocia no tienen problemas con el agua y los parques son auténticos oasis silenciosos y verdes donde se brinda la oportunidad de dar un largo paseo y olvidarse que se está en una gran ciudad. En medio del cielo gris y plomizo desconcierta una inmensa aguja de 61 metros dedicada al escritor romántico

↑ Frescos y envolventes olores. Los encantadores jardines de Princes Street invitan a dar un paseo entre coloridas flores, aromas de lavanda y frondosos vergeles.

← Los mejores escaparates. Princes Street es la arteria comercial de la ciudad y una de las calles más bulliciosas de todo Edimburgo.

Charlotte Square. Flanqueada por mansiones georgianas de los siglos XVIII y XIX, ésta es una de las plazas más bellas de la ciudad.

Walter Scott. Es un monumento un tanto abigarrado, decorado con 64 personajes sacados de las novelas del autor de *Ivanhoe*. Si hay ánimos se pueden subir sus 287 escalones y contemplar Princes Street desde las alturas.

Esta calle se convirtió en el eje comercial de la ciudad con la llegada del ferrocarril en 1840, y todavía hoy concentra las principales tiendas de la ciudad.

En el número 48, como un auténtico galo en tierras romanas, todavía aguanta **Jenners ❷**. Los venerables almacenes abrieron las puertas en 1837 y siguen siendo uno de los mejores lugares para comprar la conocida porcelana de Wedgwood o vasos de cristal de Edimburgo. ¿Un té acompañado de un pastel de frutas o de los sempiternos *shortbreads?* No hay nada más *british*, y un buen sitio para sumarse a tan respetable tradición es el **Palm Court ❸**, en el número 1 de Princes Street.

Si apetece algo más salvaje y más moderno hay que ir a Market Street. Esta calle concentra algunas de las galerías de arte más interesantes de Edimburgo. Una de las imprescindibles es la **Fruit Market Art Gallery ❹**, cuyo cometido es dar a conocer a jóvenes talentos. En la década de 1930, este edificio albergaba montañas de frutas y verduras, y en 1974 fue rescatado de una inminente demolición por un grupo de artistas. Sus salas albergan innovadoras propuestas escultóricas, fotográficas, pictóricas, cinematográficas... Además, dispone de un animado café

En alguna de las galerías de arte de Market Street se pueden conocer las propuestas más innovadoras de los artistas escoceses.

y de una librería con miles se ejemplares (www.fruitmarket.co.uk).

En el número 2 de la misma calle, el City Art Centre ❺ ofrece interesantes exposiciones de lo más eclécticas. Se puede ver desde una colección de rarezas egipcias hasta objetos inspirados en *Star Trek*. Aunque éste es sobre todo famoso por exhibir las últimas propuestas de artistas escoceses, como McTaggart, Fergusson, Pepleo y Eardley (www.cac.org.uk).

El encanto georgiano

A dos pasos está la preciosa Charlotte Square ❻, rodeada por mansiones georgianas de los siglos XVIII y XIX. El número 6 es la residencia oficial del primer ministro escocés. No hay que perderse los detalles decorativos de las fachadas ni las espectaculares verjas de hierro forjado de tan venerables edificios. George Street es una calle flanqueada por lujosas casas georgianas reconvertidas en tiendas de sofisticados escaparates y bares de diseño. Si se quiere tomar algo en alguno de sus locales, hay que prepararse para los precios altos. Una copa no baja de los 4,5 euros. Un ejemplo de lujo apoteósico es The Dome ❼, en el número 14, en el que las mesas están flanqueadas por columnas griegas y las paredes decoradas con mosaicos.

En Tonic ❽, en North Castle Street, se pueden tomar excelentes cócteles, servidos por amabilísimos camareros. Otro lugar, muy frecuentado por la

LA EXTRAVAGANTE VIDA DE LOS RICOS

Visita a una mansión georgiana

Al norte de Charlotte Square se puede visitar una mansión georgiana de cinco pisos y hacerse una idea de cómo vivían los ricos a finales del siglo XVIII.
Charlotte Square, 7.

EL MAYOR FESTIVAL TEATRAL DEL MUNDO

Lo mejor de las artes escénicas

En el Fringe se da cita el arte escénico más vanguardista, impertinente, rompedor y excéntrico.

En agosto la ciudad hierve en febril actividad. Las calles, los *pubs*, las iglesias, los teatros y los parques se convierten en escenarios improvisados de las más atrevidas propuestas de danza, música, teatro, literatura... Ha llegado el famoso Festival Internacional de Edimburgo, que se celebra desde 1947. Ese año, los organizadores apostaron por una gran concentración cultural que ayudara a la población a olvidarse por unos días de las penurias que se vivían una vez acabada la Segunda Guerra Mundial. Al margen del Festival Internacional se celebra el Fringe, donde se dan cita los artistas alternativos, y donde los estudiantes de arte dramático disfrutan de sus primeras actuaciones delante del público. Se necesitarían años para ver toda la oferta cultural que la ciudad acoge en verano.
www.eif.co.uk
www.edfringe.com

MÚSICA Y PIROTECNIA PARA ACABAR. El festival culmina con un concierto en los jardines de Princes Street y los espectaculares fuegos artificiales que iluminan el castillo.

gente guapa, es el Oloroso ⑨. En verano, lo más recomendable es tomarse una copa en la terraza, que tiene una increíble vista.

En el número 48 de Frederick Street uno no puede apartar los ojos del escaparate de Hip Ways ⑩. Es una tentación para los que se vuelven locos por las prendas *sexys:* vestidos de satén y lino y faldas de vertiginosos cortes a unos precios no menos espectaculares. No es la única tienda glamurosa de la calle Frederick. Boudiche, en el número 15, ofrece lencería de delicadas puntillas y corpiños sofisticados.

Discotecas de moda

George Street muere en Saint Andrew Square ⑪, una plaza en la que las mansiones paladianas fueron ocupadas por los bancos y las compañías de seguros hace décadas.

De vuelta en George Street se puede despedir el día en alguna de las discotecas más marchosas de todo Edimburgo. Opal Lounge ⑫, en el número 51, es el club de moda. Otra alternativa es el Massa, en el 36 de Market Street. Ahí la clientela es bastante joven y los ritmos que triunfan son el *house*, el *hip-hop* y el pop. Sea cual sea la opción final, no hay que olvidar que en Edimburgo, si se quiere ir a un club, es mejor calzarse con zapatos de tacón y vestirse un poco *fashion*. Las escocesas son muy valientes y desafían el frío con vestidos cortos y escotados y exponen sus pies a las inclemencias meteorológicas con minúsculas sandalias.

En la agenda de la realeza. Opal Lounge es uno de los clubes nocturnos más famosos de toda la ciudad y, según los escoceses, uno de los preferidos del príncipe Guillermo.

LUGARES DE INTERÉS DESTACADOS.
① Jardines de Princes Street ② Jenners ③ Palm Court ④ Fruit Market Art Gallery ⑤ City Art Centre ⑥ Charlotte Square ⑦ The Dome ⑧ Tonic ⑨ Oloroso ⑩ Hip Ways ⑪ Saint Andrew Square ⑫ Opal Lounge

4

EL EDIMBURGO OCULTO

El rincón de las ninfas y los elfos alados

Un riachuelo selvático, muy cerca del corazón de la capital escocesa, invita a dar un largo paseo entre casonas de corte medieval ahogadas por la hiedra y el silencio. Sin duda alguna, éste es el Edimburgo más desconocido por los turistas.

El Water of Leith Walkway (camino del agua) es un agradable sendero que sigue el curso del río Leith. En este rincón de Edimburgo se puede probar a poner una hoja de fresno en el zapato derecho y otra de saúco en el izquierdo, un poco de espino blanco en el bolsillo y lanzar un *God Spey ye*. Hay que esperar y, de algún recodo de la fronda acuática, aparecerá un cortejo de ninfas, elfos alados y caballeros con escudos dorados.

Y es que este rincón de Edimburgo, al abrigo de los turistas, parece sacado de un cuento de hadas. El paseo empieza en **Stockbridge** ❶, un pequeño pueblo que fue engullido por la ciudad de Edimburgo en el siglo XIX. Es un barrio con vida de barrio, cuyos alquileres, más asequibles que en otras zonas de la ciudad, atraen a los más jóvenes. Uno de sus tesoros es el **Royal Botanic Garden** ❷, en Inverleith Row, uno de los museos verdes más bellos de Gran Bretaña. El olfato y la retina van a quedar anonadados por un sinfín de flores perfumadas de origen chino, un frondoso bosque con más de 2.000 especies de árboles, cascadas de agua, las palmeras más grandes que se hayan visto, helechos y pinos de las Tierras Altas, plantas carnívoras y nenúfares gigantes. Para recuperar cuerpo y mente de tanto exotismo se puede tomar un café en el Terrace y disfrutar de una vista magnífica sobre

↑ **Ayer y hoy.** Stockbridge, jalonado de tiendas de diseño, objetos de decoración y antigüedades, fue, en su tiempo, un pueblo de las afueras.

← **Plantas y flores de los cinco continentes.** En el Royal Botanic Garden crecen plantas de todos los rincones del planeta.

la ciudad. La ruta por estos paisajes de cuento continúa por **Glenogle Road** ❸. En esta encantadora calle se apretujan las antiguas casitas de artesanos de olorosos jardines construidas en 1861. Algunas todavía exhiben en la fachada los símbolos de los oficios desaparecidos.

Las *charity shop*

En Escocia, estas tiendas son toda una institución. Gestionadas por asociaciones no gubernamentales, revenden ropa y libros usados con fines humanitarios. **Oxfam Music** ❹, en el número 64 de Raeburn Place, es una de las más veteranas y está dedicada a la venta de discos. Hay vinilos de las décadas de 1960 y 1970, y se pueden encontrar auténticas gangas.

Un buen sitio para tomar un café y comer un tentempié es **Hector's** ❺, en el número 47 de Deanhaugh Street. En este *pub* de barrio se entremezclan jóvenes estudiantes, vecinos de toda la vida y damas elegantes. Al final de la calle, un pequeño y bonito puente llevará al paseante hasta **Saint Stephen Street** ❻, la calle más de moda del barrio. En el número 55 está la tienda **Elaine's Vintage Clothing** ❼, en cuyos percheros cuelgan capas de

Un paseo ineludible. El sendero de Water of Leith Walkay (camino del agua) es una de las mejores caminatas que se pueden hacer en Edimburgo.

Poca gente, a lo sumo una pareja o un deportista un domingo por la mañana, pasea a orillas del Leith.

los felices años veinte, vestidos de los tiempos del *flower power* y los abrigos que llevaban las bisabuelas. Se puede dar un largo paseo por **Ann Street** 8, una de las calles más bellas de Stockbridge, con casitas casi perfectas rodeadas de floridos jardines. Llega el momento de preparar cuerpo y mente, confiar en la robustez de las piernas e ir a la búsqueda de los elfos de **Water of Leith Walkway** 9. Se deben seguir las indicaciones que conducen a la villa de Balerno y dejar atrás el ajetreo del asfalto. Al poco rato de andar por la ribera de este riachuelo achocolatado se vislumbra Dean Bridge, un inmenso puente metálico de 1830, y **Dean Village** 10, que parece sacada de la época medieval, con sus casas levantadas sobre gruesas piedras.

Los molinos de Dean Village

El origen de esta villa se remonta al siglo XII, cuando el gremio de panaderos se instaló en el lugar y bregó para que se construyeran once molinos de agua, que se mantuvieron en funcionamiento hasta la década de 1970. En las silenciosas y casi desérticas calles de Dean Village se descubre un sorprendente edificio de piedra roja con un gran patio central. Se trata de Well Court, un conjunto de viviendas para obreros que financió en 1870 John Ritchie Findlay, por aquel entonces propietario del periódico con más tirada en Escocia, el *Scotman*.

El paseo sigue al lado del río, cuya ribera se vuelve cada vez más frondosa y más salvaje. No hay bancos ni lugares para el *pic-nic*, sólo el murmullo del río, ramas que se

LOS ARTESANOS MÁS *COOL*

Studio One Gallery

Los artesanos británicos más de moda exponen sus obras en esta galería de Stafford Street. Podréis encontrar las joyas de Katie Clark, las cerámicas de Rachel Barrer o los espejos de madera de Paul Mountain.
Stafford Street, 10.

EL BARRIO DEL CONDE

Moray State

Con sus colosales edificios georgianos y su efervescencia intelectual, Edimburgo se convirtió, desde 1730 hasta 1830, en un referente europeo.

A dos pasos del río Leith discurre un barrio residencial que fue diseñado por James Gillespie Graham, en pleno Scottish Enlightment, a principios del siglo XIX, para el conde Moray. El lugar bien merece una visita, pues permite comprobar *in situ* la filosofía urbanística que tiempo atrás se impuso en la ciudad. Lo más singular, sin duda, son las tres plazas, casi contiguas, rodeadas de espléndidas mansiones. Randolph Crescent dibuja una luna creciente. Siguiendo por la calle Great Stuart se llega a Ainslie Place, que tiene forma oval. Encadenada a ésta se abre Moray Place, la más grande de las tres, que dibuja un trazado dodecagonal.

URBANISMO ORDENADO. Moray Place es un ejemplo de la voluntad de armonía de la época de la Ilustración escocesa.

afanan en tocarse las unas con las otras, alguna que otra pareja que busca recovecos solitarios y deportistas que hacen ejercicio. Al lado del río se extiende el **Dean Cemetery** ⓫, un cementerio que recuerda el escenario de un cuento gótico. Los senderos de este camposanto están jalonados de monumentos, pirámides, obeliscos, ornamentos y un sinfín de ángeles de todos los tamaños y expresiones. En una de las lápidas se lee el nombre de Joseph Bell, el profesor de medicina en el que se inspiró Arthur Conan Doyle para dar vida al detective con más instinto de la literatura inglesa, el archifamoso Sherlock Holmes.

Pasado el Belford Bridge se llega a una explanada y a la entrada del edificio ideado por William Playfair, en el siglo XIX, que recuerda un templo griego: la **National Gallery of Modern Art** ⓬. El paisaje da un giro de más de 180 grados. Las hiedras y los helechos han sido sustituidos por los grandes maestros europeos de la pintura. *Autorretrato*, un claroscuro de Rembrandt; *Vieja friendo huevos*, de Velázquez; los paisajes de *lochs* y tormentas de Joseph Mallord William Turner, uno de los artistas que mejor han sabido captar los mil matices de la luz; *Campo de olivos*, de Van Gogh... Todo ello, sin olvidar la pintura escocesa de los siglos XVIII y XIX con obras del retratista Henry Raeburn o William McTaggart, que reflejó sobre el lienzo la emigración masiva de las Tierras Altas. Los responsables de este museo son tan cuidadosos que incluso las 38 acuarelas del fondo Vaughan se exponen sólo en enero, pues la luz invernal es la que más les conviene.

Clásica estampa escocesa. Dean Village es un pueblecito de postal a orillas del río Leith, al abrigo de los turistas.

LUGARES DE INTERÉS DESTACADOS.
❶ Stockbridge ❷ Royal Botanic Garden ❸ Glenogle Road ❹ Oxfam Music ❺ Hector's ❻ Saint Stephen Street ❼ Elaine's Vintage Clothing ❽ Ann Street ❾ Water of Leith Walkway ❿ Dean Village ⓫ Dean Cemetery ⓬ National Gallery of Modern Art

5

AIRES PORTUARIOS

De barrio siniestro a paraíso de *gourmets*

Irvine Welsh hizo famoso este barrio portuario al convertirlo en escenario de los viajes alucinógenos de los protagonistas de *Trainspotting*. Atrás han quedado los tiempos siniestros. Hoy alberga los mejores restaurantes de la ciudad.

A principios del siglo XIX en el puerto de Leith amarraban navíos venidos de todos los rincones del mundo. Con el declive del comercio marítimo y de los astilleros, el barrio fue degradándose y se convirtió en el de las novelas de Welsh: un lugar de ambiente obrero y pospunk en el que pululaban drogadictos y estafadores. Llegó el siglo XXI y las cosas cambiaron. Los viejos almacenes fueron rehabilitados y transformados en oficinas acristaladas y apartamentos de lujo. Hoy día los restaurantes de marisco y los bares de moda son los reyes en los muelles de Leith. Lo mejor para conocer este barrio de ambiente portuario es irlo descubriendo poco a poco. Y para ello nada mejor que un paseo que empieza en el centro de la ciudad y sigue por Leith Walk.

El punto de partida es Calton Hill ❶. Este parque es como un laboratorio de experiencias arquitectónicas. Una de las piezas más singulares son las gigantescas columnatas del National Monument ❷, el "Panteón escocés", diseñado por William Playfair en 1816 en memoria de las víctimas de las guerras napoleónicas. El monumento nunca se acabó por falta de medios y los escoceses lo bautizaron como "la vergüenza de Edimburgo". Otra pieza de la

↑ Incorporado a Edimburgo en 1920. En el puerto de Leith amarraron navíos de todo el mundo; a mediados de los cuarenta del siglo pasado empezó su declive.

← Neocolonización. El barrio portuario de Leith se ha llenado de bares de moda, apartamentos de lujo y los mejores restaurantes de la ciudad.

Atenas del norte, como fue conocida Edimburgo, es el Nelson Monument ❸, una torre en forma de telescopio invertido en honor del vencedor de Trafalgar. Al suroeste se hallan el Old Observatory y el City Observatory, desde donde se puede contemplar toda la ciudad.

De camino a los muelles de Leith desfila la mezcolanza tan propia de las grandes ciudades escocesas: los sempiternos *fishandchips*, los puestos paquistaníes, las tiendas de segunda mano, los comercios *bio*, los restaurantes tailandeses... Se puede callejear por Leith Walk ❹ y las calles que discurren a su alrededor. En el número 97 de Broughton Street se descubre que en este mundo hay medio centenar de variedades de salchichas; el

En Leith se palpa el ambiente de un barrio con pasado portuario y obrero, en el que los viejos *pubs* conviven con los bares de moda y los restaurantes de diseño.

ARTISTAS POR UNAS HORAS

The Ceramic Experience

Un diseño exclusivo con vuestra firma. En este local de Ocean Drive hay estatuillas, baldosas para cuarto de baño, platos y tazones sin pintar. Se trata de coger un pincel y atreverse a hacer pinitos artísticos.
Ocean Drive.

Crombie's ❺ abrió las puertas en 1956 y desde entonces ofrece este producto tan escocés: ahumado, especiado con tomillo, con sabor a mango y a whisky de malta...

En el 57 de la misma calle hay una adorable tienda, Gertrude & Lily ❻, que vende todo tipo de caprichos de moderno diseño escocés, como bolsos hechos a mano, broches y pañuelos. En el 3 de Haddington Place está la McNaughtan's Bookshop ❼, la librería más antigua de la ciudad, en la que se podrá encontrar una buena oferta de libros de ocasión y de literatura escocesa.

La Atenas del norte. Aquí se concentran curiosos monumentos antiguos del siglo XIX, como un panteón inacabado o el Nelson Monument, coronado por un globo blanco.

Los reyes del muelle

Y casi sin que uno se dé cuenta, se llega a The Shore 8. Los muelles junto al Water of Leith hay que recorrerlos sin prisas para disfrutar de esta ribera pavimentada que ha sido colonizada por bares y los mejores restaurantes de marisco de la ciudad. El lugar tiene mucho encanto y todavía hacen escala algunos buques, aunque será difícil encontrar alguna de las viejas tabernas de Welsh.

Un buen sitio para comer es Fischers 9, en The Shore. Si se tiene suerte y el día es soleado, lo mejor es pedir una mesa en la terraza y lanzarse a explorar el océano con el paladar. Este restaurante ofrece platos originales como gambas a la plancha con ajos y jengibre, ostras y *haddock* con salsa de trufas o ensalada de vieiras con plátano y chile. Otra opción más económica es Relish, un tranquilo colmado de barrio en el número 6 de Commercial Street, en el que podéis elaborar vuestro propio sándwich.

Una de las intervenciones que han contribuido a cambiar la cara de Leith y a darle un aspecto más global es el Ocean Terminal 10, un gran centro comercial con enormes

LA GRAN SEÑORA DE LA ESCENA

The Edinburgh Playhouse

La programación en The Edinburgh Playhouse incluye musicales de éxito, óperas y conciertos.

Un veterano teatro muy popular entre los edimburgueses, que se sientan en el patio de butacas para disfrutar de las comedias que han alcanzado popularidad en Broadway y Londres. En The Edinburgh Playhouse se representan *Grease*, *El fantasma de la ópera*, *The Rocky Horror Show*... También se programan óperas y conciertos. El sitio tiene una ajetreada historia. Abrió como cine en 1929 hasta que llegó la crisis de los setenta y se vio obligado a cerrar las puertas. A punto estuvo de ser demolido, hasta que el grupo Edinburgh Playhouse Society logró salvarlo con la ayuda de más de 13.000 firmas.

Greenside Place.
www.edinburgh-playhouse.co.uk

A IMAGEN Y SEMEJANZA. El arquitecto que diseñó The Edinburgh Playhouse, John Fairweather, se inspiró en el Roxy Theatre de Nueva York.

ventanales que dan a las aguas del puerto. Ahí hay de todo: un cine, un gran espacio de restauración y casi un centenar de tiendas, entre ellas los grandes almacenes como Marks & Spencer o Lush, que vende tentadores jabones que huelen a fruta y a jazmín.

Yate real

Justo al lado se encuentra amarrado desde 1997 el Royal Yacht Britannia 11, una de las atracciones turísticas más visitadas de todo el país. El yate, que es de todo menos austero, empezó a surcar los mares en 1953, y durante más de cuarenta años fue utilizado para visitas oficiales, vacaciones y lunas de miel de la familia real británica. La reina necesitaba nada menos que 45 tripulantes para sus viajes, y siempre llevaba un Rolls Royce a bordo. Si a uno le gusta fisgonear por la intimidad de los famosos e ilustres, puede visitarlo y ver dónde tomaba el té de las cinco la venerable Isabel, la estancia que servía a la vez de salón de banquetes, cine y capilla, o el piano que solía tocar la princesa Diana.

Una buena manera de acabar el día es con una copa en la mano. El Cameo Bar 12, en el número 23 de Commercial Street, es uno de los bares de moda de Leith. Tiene grandes ventanales, paredes de color fresa, ángeles y, aún más importante, buena cerveza.

Lujo sobre el mar. En el Royal Yacht Britannia se descubre que la vida de los reyes es de todo menos austera.

LUGARES DE INTERÉS DESTACADOS.

1 Calton Hill 2 National Monument 3 Nelson Monument 4 Leith Walk 5 Crombie's 6 Gertrude & Lily 7 McNaughtan's Bookshop 8 The Shore 9 Fischers 10 Ocean Terminal 11 Royal Yacht Britannia 12 Cameo Bar

Edimburgo en 48 horas

Primera mañana

9.30
EL CASTILLO DE EDIMBURGO

El vigía de la ciudad desde el siglo XI es seguramente el lugar más visitado de Edimburgo. Todo un símbolo de la historia de este país, las murallas del castillo han sido asediadas y asaltadas un sinfín de veces. Se puede visitar el Palacio Real, que alberga la corona, el cetro y la espada de Estado o el bastión donde fueron degollados los jóvenes hermanos Douglas por atreverse a plantar cara a Jaime II. Uno de los tesoros del castillo es la capilla de Saint Margaret, que data del siglo XII. Los amantes de las armas y los uniformes no pueden perderse el National War Museum of Scotland, que ofrece un recorrido por cuatro siglos de la historia militar escocesa.

✉ Castlehill.
⏲ de abril a septiembre, de 9.30 a 18.00; de octubre a marzo, de 9.30 a 17.00.
www.edinburghcastle.gov.uk
Entrada: 14 €.

10.00
ROYAL MILE

La Royal Mile es la calle más antigua de Edimburgo y enlaza el castillo con el parque y el palacio de Holyroodhouse. Recorrerla es un viaje a la ciudad medieval. **Vale la pena perderse por sus bocacalles y sus patios interiores.** Por sus callejuelas, según los escoceses, todavía pululan los fantasmas que no lograron sobrevivir a las pestes que asolaron esta ciudad en el siglo XVII. Uno de los espectros más famosos de la zona es el de una niña llamada Anne, que llora porque ha perdido una muñeca. Los visitantes incluso dejan juguetes y caramelos en el cuarto en el que se supone que habita. Hay que perderse por alguno de los *closes*, alrededor de Lawnmarket, que albergan curiosidades arquitectónicas y sorprendentes historias.

www.edinburgh-royalmile.com

10.30
SAINT GILES CATHEDRAL

La catedral, consagrada al patrón de los leprosos, fue reconstruida en el siglo XV. En la nave central se yergue una estatua de John Knox, pastor de Saint Giles de 1560 a 1572 y artífice de la Reforma escocesa. En este escenario de grandes acontecimientos hay otros monumentos, como las sillas de coro con las armas del restaurador del catolicismo, Jacobo VII, y sus doce caballeros. **Algunas de las espectaculares vidrieras llevan la firma del pintor prerrafaelista Edward Burne.** La entrada de la capilla está presidida por un ángel que toca la gaita (no podía faltar este instrumento tan escocés).

✉ Parliament Square.
⏲ de lunes a sábado, de 9.00 a 17.00; domingo, de 13.00 a 17.00.
www.stgilescathedralorg.uk

11.00

HOLYROODHOUSE

Jacobo IV mandó construir este castillo a finales del siglo XV. **Aquí vivió, y sufrió lo suyo, la famosa María Estuardo.** En este palacio hay suntuosas estancias decoradas con tapices de Flandes y muebles pomposos. El lujo llega a su máximo apogeo en uno de los dormitorios, donde un colosal Hércules no pierde detalle desde su situación privilegiada: el techo. En la Great Gallery, la reina Isabel organiza las recepciones oficiales. A saber si los invitados se sienten intimidados ante la mirada del centenar de retratos de los Estuardo que flanquean el pasillo.

✉ Canongate, The Royal Mile.
⏲ de noviembre a marzo, de 9.30 a 16.30; de abril a octubre, de 9.30 a 18.00.
www.royal.gov.uk
Entrada: 12,5 €.

11.30

HOLYROOD PARK

Un paseo por uno de los tantos pulmones verdes de Edimburgo. Fue un coto real de caza en la Edad Media, hasta que se convirtió en parque en el siglo XVI. **En este antiguo volcán, que se apagó hace 350 millones de años, hay frondosos y abruptos caminos que llevan a Arthur's Seat,** la cima desde la que se puede ver toda la ciudad de Edimburgo. Si no se confía en la robustez de las propias piernas, se puede optar por un paseo más relajado por los tres lagos o *lochs*, como los llaman los escoceses, en los que, con la ayuda de los prismáticos, se pueden avistar algunas de las tantas aves migratorias que se refugian en el lugar.

13.00

MUSEUM OF SCOTLAND

Este moderno edificio —fue inaugurado en 1998— alberga 10.000 objetos, obras de arte, joyas, vestidos, armas y máquinas repartidos en seis niveles. **Éste es un buen lugar para entender la historia del país.** Una sala ilustra cómo vivían los primeros habitantes de Escocia, en otra se explica la Edad Media y se exhibe la Maiden, la abuela de la guillotina (muy utilizada en la época de la caza de brujas). Una de las singularidades del museo es una muestra de 300 objetos que los mismos escoceses escogieron para simbolizar el siglo XX.

✉ Chambers Street.
⏲ todos los días, de 10.00 a 17.00.
www.nms.ac.uk
Entrada gratuita.

Primera tarde

13.30
COMIDA EN GRASSMARKET

Un buen sitio para tomar un tentempié o sentarse a comer, sobre todo en los meses de verano, es alguna de las terrazas de Grassmarket. Viendo la alegría y el bullicio nadie diría que en el pasado aquí se celebraban ejecuciones públicas. La cruz de adoquines de color rosa en una esquina señala el emplazamiento del patíbulo. También en Grassmarket, hacia 1820, los asesinos Burke y Hare, que se dedicaban a engatusar a pobres ingenuos para estrangularlos y después vender sus cadáveres para la Facultad de Medicina, fueron ahorcados en medio de centenares de escoceses ávidos de justicia y espectáculo.

14.00
GREYFRIARS CHURCHYARD

Los ávidos de sensaciones fuertes, aquellos a quienes les gustan los fantasmas, visitan Greyfriars Churchyard de noche, pero también se puede visitar a pleno día. **Una de las curiosidades es el *mort safe*, el dispositivo de hierro que se utilizaba para proteger a los muertos de los *bodysnatchers*,** los hombres que se dedicaban a robar cuerpos y después venderlos para disecciones anatómicas. Merece la pena explorar este cementerio, que acoge espléndidos monumentos funerarios de los siglos XVII y XVIII.

✉ Greyfriars Place.
www.greyfriarskirk.com

14.30
NATIONAL GALLERY

En la National Gallery se exhiben las pinturas de los grandes maestros europeos. Entre otros tesoros, alberga el *Festín de Herodes*, de Rubens, o *Las tres edades del hombre*, de Tiziano. También *Vieja friendo huevos*, de Velázquez. Los paisajistas ingleses, como Turner, también tienen su espacio. Algunos salones están dedicados a la pintura escocesa del siglo XVIII y XIX. Destacan los retratos de David Wilkie, o los más elocuentes y románticos de Henry Raeburn. No hay que perderse el centenar de pequeñas hadas desnudas de la divertida *Querella de Oberón y Titania* (1850), de Paton.

✉ The Mound.
⏲ de 10.00 a 17.00; jueves, hasta las 19.00.
www.nationalgalleries.org
Entrada: gratuita

16.00

PRINCES STREET

La calle de los escaparates. **Princes Street es la arteria comercial de Edimburgo y uno de los rincones más bulliciosos de toda la ciudad.** Aquí se encuentra el centro comercial más antiguo de Europa, Jenners, que abrió las puertas a sus clientes en el año 1837. Para alejarse de los cláxones y de los *shoppers* fanáticos, se puede dar un paseo por Princes Street Gardens, unos frondosos jardines que se construyeron sobre un antiguo lodazal y que hoy aportan un toque de tranquilidad a la zona. En medio, está el surrealista monumento dedicado al escritor Walter Scott: una aguja de 61 metros decorada con 64 personajes sacados de las novelas del autor de *Ivanhoe*.

17.00

GEORGIAN HOUSE

Una mansión georgiana para que el viajero curioso pueda conocer con todo detalle cómo vivían los ricos de finales del XVIII y principios del XIX. **Muebles de lujo, fina porcelana, espléndidos relojes del siglo XVII, inmensas alfombras persas, pianos...** Todo muy típico hasta que se llega a un utensilio que nadie imaginaría en un bufé: un orinal. Se conserva el sistema de campanillas conectadas con los pisos superiores para llamar al servicio, una gran chimenea, el asador y el horno de pan.

✉ Charlotte Square.
⊙ todos los días de marzo a noviembre, de 10.00 a 17.00; julio y agosto, hasta las 19.00.

18.00

DE COPAS EN GEORGE STREET

La calle más elegante de Edimburgo fue el centro de la vida financiera hasta que los hombres de negocios emigraron a The Exchange. **Las bellas mansiones georgianas han sido ocupadas por tiendas de moda, bares de diseño y restaurantes de lujo.** Es un buen lugar, aunque, eso sí, hay que preparar el bolsillo porque tomarse una copa en esta zona no es barato. Una opción es el Candy Bar, situado en un sótano, y frecuentado por los guapos y las guapas de Edimburgo.

✉ George Street, 113-115.
⊙ de 12.00 a 1.00.
www.candybaredinburgh.co.uk

Segunda mañana

10.00

ROYAL BOTANIC GARDEN

Antes de cualquier visita hay que emular a los escoceses y hacer un *fry-up* o *full breakfast*. Es decir, superar la resaca con una fritada. Huevos revueltos, bacón, salchichas y *haggis* (una especie de morcilla). Tras este desayuno pantagruélico se puede pasear por el Royal Botanic Garden. **Es el lugar de asueto de los edimburgueses, y un auténtico museo vegetal.** Hay de todo: una colección de especies silvestres chinas, cascadas de agua, oasis de helechos y frondosos bosques de pinos escoceses, invernaderos tropicales, plantas del desierto...

✉ Inverleith Row, 20A.
⊙ de abril a septiembre, de 10.00 a 19.00; de noviembre a febrero, de 10.00 a 15.30; marzo y octubre, de 10.00 a 17.00.
www.rbge.org.uk

11.00

SAINT STEPHEN STREET Y DEANHAUGH STREET

Saint Stephen Street es el lugar de moda de un barrio al abrigo de los turistas: Stockbridge. **En esta calle abundan las tiendas de ropa de diseño,** los escaparates insólitos, las antigüedades... El paseo puede continuar por Kerr Street y Deanhaugh Street, flanqueada por las emblemáticas *charity shops*. Estas tiendas son toda una institución en Escocia, y venden ropa, libros, música y un largo etcétera de objetos de segunda mano. Los beneficios que se obtienen con la venta de todos estos productos se destinan a causas humanitarias. Vale la pena entrar en alguna de ellas ya que pueden encontrarse auténticas gangas.

11.30

GLENOGLE ROAD

Un paseo con mucho encanto porque aquí también se respira el pasado de la ciudad. **Antiguas casitas de artesanos con pequeños jardines y callejuelas paralelas flanquean la Glenogle Road.** La mayoría de los edificios que pueden verse en esta zona fueron construidos en el año 1861, y muchos de ellos continúan exhibiendo aún en la actualidad los símbolos de oficios que desaparecieron hace ya bastante tiempo. Vale la pena tomarse un tiempo para pasear por las calles que la rodean, donde se palpa la vida de un barrio que, en los últimos años, ha atraído a los más jóvenes por sus moderados alquileres.

12.00

WATER OF LEITH

Una caminata por Water of Leith, o paseo del agua, es una experiencia del todo recomendable. Es un riachuelo selvático de aguas achocolatadas que discurre entre vetustas casonas que abrazan amorosamente las hiedras. **Un recorrido silencioso, tan sólo interrumpido por el murmullo del agua,** entre el barrio de Stockbridge y Dean Village, para alejarse un rato del mundanal ruido. A lo largo del paseo, en el que es habitual encontrarse con aficionados al *jogging*, se puede admirar el Dean Bridge, un inmenso puente metálico de la década de 1830.

12.30

DEAN VILLAGE

Un barrio de postal al borde del agua. *Dene* en escocés significa "valle", y la antigua villa, que todavía hoy se puede visitar, fue fundada en el siglo XII por los canónigos de la abadía de Holyrood. Hasta el siglo pasado, el gremio de panaderos se dedicaba a elaborar harina en los once molinos que aquí pueden verse. Las hermosas casas de piedra del siglo XVII y las calles tranquilas del lugar bien merecen un tranquilo paseo. **Uno de los edificios más singulares de esta zona es Well Court,** un conjunto de viviendas para obreros que financió en 1870 John Ritchie Findlay, el propietario del periódico con más tirada en Escocia, el *Scotman*.

http://deanvillage.org

13.00

DEAN GALLERY

Un impresionante orfelinato de la década de 1830 que alberga una colección de arte dadaísta y surrealista. En la Dean Gallery se exhiben las obras de Miró, Man Ray, Dalí, Picasso... **Hay varias galerías dedicadas al escultor escocés Eduardo Paolozzi** (1924-2005), uno de los precursores del movimiento británico *pop art* de los años sesenta. En la década de 1950 incorporó a sus esculturas piezas de máquinas, con lo que su obra adquirió aún un toque más personal. Aquí se puede ver cómo era el taller en el que trabajaba, pues ha sido reconstruido con toda fidelidad.

✉ Belford Road, 75.
⊙ todos los días de 10.00 a 17.00.
www.nationalgalleries.org

Segunda tarde

13.30
SCOTTISH GALLERY OF MODERN ART

Al lado de Dean Gallery, está la Scottish Gallery of Modern Art. Todo un recorrido por el arte del siglo XX, en especial obras de las épocas cubistas y expresionistas. **Entre otros tesoros, el museo alberga *In the car*, de Roy Lichtenstein;** *Jacqueline Kennedy II*, de Warhol, y una extensa colección de arte moderno escocés. También se pueden admirar las creaciones de Picasso, Magritte y Antony Gormley, entre otros. Frente al museo hay una extensa zona verde jalonada de esculturas de Ian Hamilton, Henry Moore, Rachel Whiteread y Barbara Hepworth. Se puede descansar en el impresionante jardín, que dibuja una media luna.

✉ Belford Road, 75.
⏲ de 10.00 a 17.00.
www.nationalgalleries.org

14.30
THE SHORE

Leith ya no es el siniestro barrio de los drogadictos de Irvine Welsh. Ahora se ha puesto de moda y alberga lujosos inmuebles, bares modernos y restaurantes elegantes. **Es recomendable un tranquilo paseo por The Shore, los muelles junto al Water of Leith.** Antes de que en la segunda mitad del siglo XIX se construyeran los diques contiguos, éste era el puerto principal de Edimburgo, en el que amarraban navíos venidos de todos los rincones del mundo. Aquí podrá degustar pescado y marisco en alguno de los más frecuentados restaurantes de la ciudad (algunos galardonados con las famosas estrellas Michelin).

16.00
OCEAN TERMINAL

El símbolo de que Leith, la antigua zona portuaria de la ciudad, se ha modernizado. Ocean Terminal es un gigantesco centro comercial que se levanta a la orilla del agua, cuyas modernas paredes acristaladas albergan un gran espacio de restauración, con varios locales, y 75 tiendas repartidas en tres niveles. **Un buen refugio si el cielo está muy gris y amenaza lluvia.** Los amantes de las compras se pueden volver locos. En Ocean Terminal están todas las grandes marcas: French Connection, Gap, Marks & Spencer, Lush...

✉ Ocean Drive.
⏲ de 10.00 a 17.00.
www.oceanterminal.com

17.00

ROYAL YACHT BRITANNIA

Para los fisgones que deseen ver cómo viven los reyes y príncipes ingleses. El antiguo yate real empezó a surcar las aguas en 1953, y lleva amarrado en Leith desde 1997. Más de cuarenta años de servicio dan para muchas vicisitudes: viajes oficiales, lunas de miel, vacaciones... **Se puede ver el piano que solía tocar Diana Spencer,** la mesa donde desayunaba el príncipe Carlos... Britannia es todo lujo, incluso está el utilitario que solía llevarse la venerable reina Isabel: un Rolls Royce.

✉ Ocean Terminal.
⊙ de abril a junio y en septiembre y octubre, de 10.00 a 16.30; de noviembre a marzo, de 10.00 a 15.30; julio y agosto, de 9.30 a 16.30.
www.royalyachtbritannia.co.uk
Entrada: 12 €.

18.00

CENA EN LOS MUELLES DE LEITH

Es del todo recomendable cenar en alguno de los restaurantes de marisco de los muelles de Leith. Una opción es The Waterfront & Wine Bar, delicioso restaurante instalado en una antigua *ferry house*. Otra alternativa es Fishers Bistro, que tiene un salón con vistas al Leith.

Waterfront & Wine Bar
✉ Dock Place, 1c.
⊙ de 12.00 a 15.00 y de 18.00 a 22.00.
Fishers Bistro
✉ Shore, 1.
⊙ de lunes a sábado, de 11.30 a 22.30; los domingos, de 12.30 a 01.00.
www.fishersbistros.co.uk

19.00

DE MARCHA EN LEITH

No se puede abandonar Leith sin haber conocido su lado más *canalla*. **Cualquier vieja taberna o *pub* de Commercial Street o The Shore pueden ser un buen sitio.** Lighthouse, en el número 32 de The Shore, es recomendable para los que quieran mover el esqueleto. Cameo Bar, en el número 23 de Commercial Street, es un sitio apto para todos los públicos. En este local hay una gran pantalla para las retransmisiones deportivas y un *green* en la parte trasera. Ver a los escoceses visionando un partido de fútbol es otra de las experiencias que se pueden vivir en esta ciudad y que quedarán guardadas en la memoria.

Datos útiles de Edimburgo

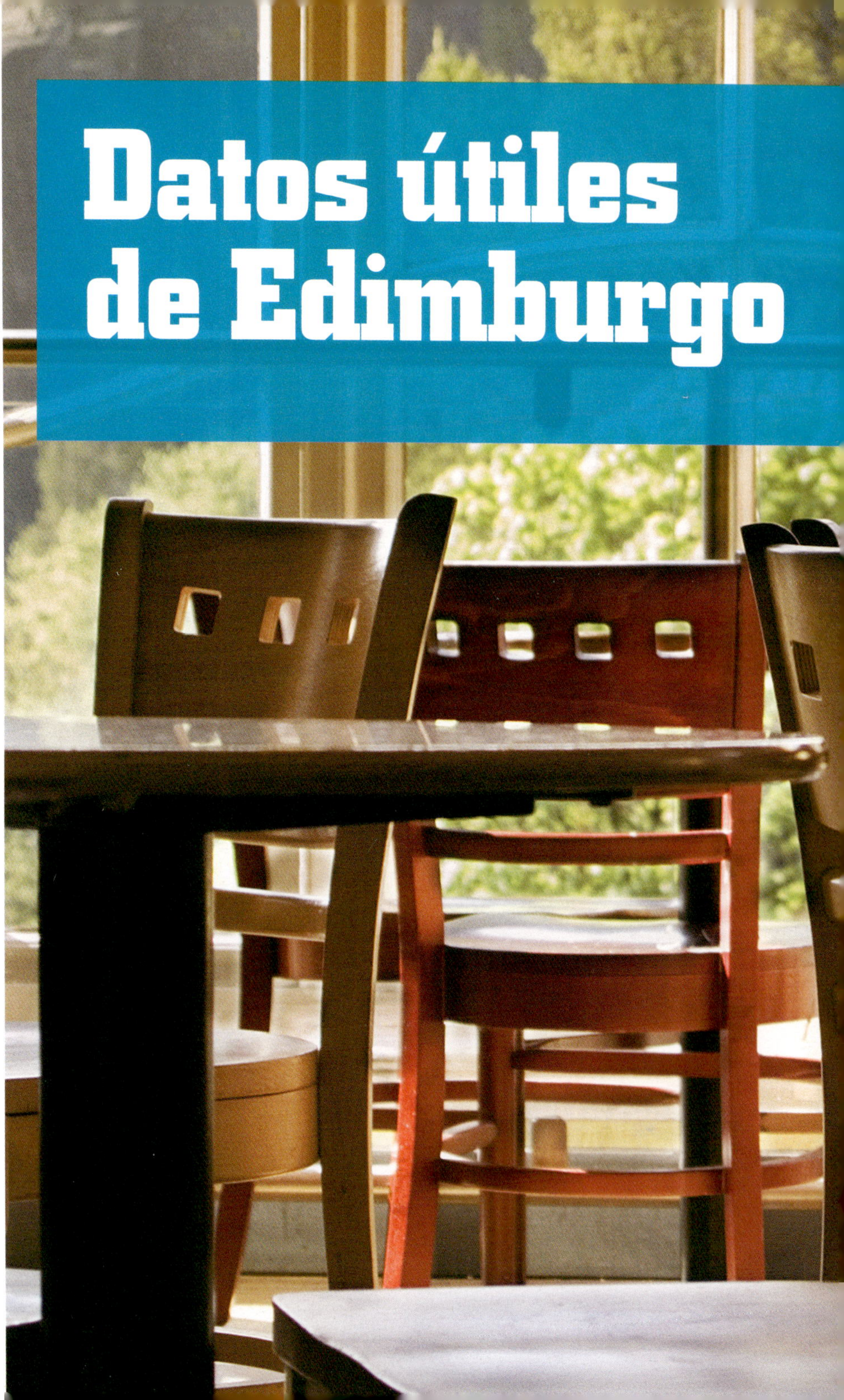

H

Consulta el pronóstico meteorológico y el callejero en www.guiacampsa.com o www.repsolypf.com

Museos

Escocia es una tierra fértil en artistas y escritores, genios e inventores. Sus museos albergan extraordinarias colecciones de arte y son una buena muestra del sorprendente dinamismo cultural de Edimburgo. Además, la mayoría son gratuitos y especialmente pedagógicos. Tras recorrer alguno de ellos, se entiende mucho mejor la interesante historia de este país.

THE WRITER'S MUSEUM

Una mansión del siglo XVII alberga este museo dedicado a la vida y obra de Robert Burns, Walter Scott y Robert Louis Stevenson. Manuscritos, primeras ediciones, retratos y objetos personales como la mesa de Burns, el caballito balancín de madera de Scott o la pipa de Stevenson pueden servir para entender de dónde sacaron la inspiración estas tres plumas ilustres de la capital de Escocia.

✉ Lady's Stair's House. Lawnmarket.
⏲ de lunes a sábado, de 10.00 a 17.00.
Entrada gratuita.
www.cac.org.uk

SCOTCH WHISKY HERITAGE CENTRE

Si se quieren conocer todos los secretos de la elaboración del whisky, éste es el lugar que hay que visitar. La ruta incluye un paseo sobre raíles por el interior de un barril y la reconstrucción de una destilería. Lo mejor está al final, cuando se ofrece al visitante un vaso del "agua de vida".

✉ Castlehill, 354.
⏲ de 10.00 a 18.00; en verano, de 9.30 a 18.30.
Entrada 12 €.
www.whisky-heritage.co.uk

MUSEUM OF SCOTLAND

Toda la historia de Escocia en un solo edificio. En los sótanos, las esculturas

abstractas de Eduardo Paolozzi evocan a los primeros habitantes de la isla. Tras unos escalones se descubren reliquias religiosas, la copa de Robert Bruce y la guillotina que en la Edad Media se utilizaba para las ejecuciones públicas. En la planta tercera se relatan batallas de reyes y algunos de los episodios más sangrientos de este país. Al final, llegan las obras de Rennie Mackintosh, la locomotora de vapor y la época victoriana.
Chambers Street.
de 10.00 a 17.00.
Entrada gratuita.
www.nms.ac.uk

NATIONAL GALLERY OF SCOTLAND
Las paredes de la National Gallery of Scotland exhiben una extraordinaria colección de arte europeo. La retina podrá disfrutar de Velázquez, Rubens, Goya, el Greco, Hugo Van der Goes o Botticelli. Es recomendable el sótano, donde se expone una interesante introducción a la pintura escocesa de los siglos XVIII y XIX. Destacan los retratistas David Wilkie y Henry Raeburn.
The Mound.
de 10.00 a 17.00; jueves, hasta las 19.00.
Entrada gratuita.
www.nationalgalleries.org

SCOTTISH NATIONAL PORTRAIT GALLERY
Entre las paredes de este curioso edificio neogótico están todos los que, en algún momento, fueron célebres o influyeron en la historia de este país. Reyes y reinas, escritores, rebeldes, inventores, poetas y héroes están expuestos en orden cronológico.
Queen Street, 1.
de 10.00 a 17.00; jueves, hasta las 19.00.
Entrada gratuita.
www.nationalgalleries.org

Hoteles

Hoteles insólitos, mansiones georgianas, habitaciones de diseño y los sempiternos *Bed & Breakfast*. La oferta para dormir en Edimburgo es variopinta.

WITCHERY SUITES
Uno de los hoteles más lujosos de toda la ciudad. Recomendable para los que amen dormir entre sábanas púrpura, paredes tapizadas y mesillas antiguas. La opulencia en todo su apogeo.
Castlehill.
Precio muy alto.
www.thewitchery.com

RICK'S
El opuesto de Witchery. Aquí las estancias destacan por una decoración minimalista y por estar equipadas con todos los artilugios que se puedan imaginar: televisión, lectores de DVD, acceso *wi-fi*... El sitio perfecto para los más modernos, a dos pasos de George Street.
Frederick Street, 55a.
Precio alto.
www.ricksedinburgh.co.uk

SAINT BERNARD'S GUESTHOUSE
Una pequeña y encantadora *guesthouse* en Stockbridge. Las habitaciones son sencillas y se respira un ambiente cálido, casi familiar.
Saint Bernard's, 22.
Precio medio.

THE AYDEN GUEST HOUSE
Una casa con tan sólo cinco habitaciones de muebles de madera y suelos de parquet, en el barrio de Leith. En el comedor de la Ayden Guest House se puede descubrir cómo es un desayuno típico en Escocia. *Haggis* y *scones* de patata en un ambiente de lo más relajado.
Pilrig Street, 70.
www.ayden-endinburgh.com

Restaurantes

En Escocia han acogido con los brazos abiertos las cocinas de todo el mundo. Hay restaurantes mongoles, tailandeses, chinos, japoneses, franceses... A su lado resiste la cocina tradicional escocesa con sus sempiternas patatas y *haggis;* y otra más ligera y creativa, que se está abriendo camino, y cuyos chefs triunfan en la televisión. Hay ambientes para todos los gustos, desde una mesa en un *pub* hasta un rincón romántico con vistas al muelle, pasando por restaurantes de diseño.

DUCK'S AT LE MARCHÉ NOIR
Todo un ejemplo de la tolerancia gastronómica de esta ciudad hacia otras culturas. En la cocina de este restaurante se fusionan los platos escoceses con los franceses y los asiáticos.
✉ Eyre Place, 2.
Precio alto.
www.ducks.co.uk

WHIGHAMS
Para cenar a la luz de las velas y degustar excelentes platos de marisco. Este restaurante es muy popular, sobre todo, por sus vinos.
✉ Hope Street, 13.
Precio medio.
www.whighams.com

CREELERS
El mejor sitio para lanzarse a probar los deliciosos ahumados escoceses. Todo es muy fresco y hay un sinfín de platos de pescado sabrosos, como los langostinos, el bacalao asado o los mejillones a la sidra.
✉ Hunter Square, 3.
Royal Mile.
Precio alto.
www.creelers.co.uk

SKIPPERS
Uno de los restaurantes más singulares de Edimburgo. Ubicado encima del estanque del Leith, está decorado con cachivaches llegados de todos los rincones del mundo. Lo más recomendable es escoger platos sencillos, como las ostras frescas o la lubina al horno.
✉ Dock Place, 1a.
Precio medio.
www.skippers.co.uk

THE ENGINE SHED CAFÉ
Los vegetarianos no se lo pueden perder. Es un restaurante biológico, que ofrece sabrosas ensaladas y sopas y un suculento pan horneado en casa. Si se es carnívoro, a lo mejor ahí se cambia de credo.
✉ St. Leonard's Lane, 19.
Precio medio.

THE LOT
En una antigua iglesia, en este país los lugares sacros se han reconvertido en restaurantes y *pubs*, sirven sencillos platos calientes como raviolis y *haggis*, sándwiches y pasteles, a precios muy asequibles.
✉ Grassmarket, 4-6.
Precio económico.

Interesantes museos. Casi todos los museos son gratuitos y muy pedagógicos.

De compras

En Edimburgo se pueden satisfacer todos los caprichos. Hay tiendas de diseño, templos del papel y de los libros viejos, artesanos, deliciosos sombreros, infinidad de quesos y whiskys, propuestas insólitas y divertidas... Y dos singularidades: las tiendas de segunda mano, que ofrecen las propuestas más rompedoras para ir vestido a la última, y las que exhiben centenares de utensilios para la cocina. La cuestión es averiguar para qué sirve cada invento.

LAKELAND

En esta tienda hay utensilios para la cocina que uno no sabía ni que existían, ni se le había ocurrido que podían existir. Los inventos más insólitos para descorchar botellas, pelar patatas, trocear zanahorias...
✉ George Street, 52.
www.lakeland.co.uk

FABHATRIX

Todo lo necesario para vestir la cabeza. Hay sombreros de plumas y joyas, modelos en forma de campana, otros rosa chicle que bien podría llevar la mismísima Audrey Hepburn, gorros floreados y birretes sofisticados de formas imposibles. Para las más modernas.
✉ Cowgatehead, 13.
www.fabhatrix.com

THE CARSON CLARK GALLERY

Viejos grabados de la ciudad, fotografías del siglo XIX... Es el templo de los papeles antiguos y la tentación para los nostálgicos a quienes les gusten las imágenes con historia.
✉ Canongate, 181.
www.edinburgh-royalmile.com/carson-clark

PINE & OLD LACE

Las más románticas van a caer rendidas ante la lencería antigua de este establecimiento. Hay camisones y delicados encajes propios de la época victoriana y los más modernos.
✉ Victoria Street, 46.

HERMAN BROWN

Todo lo necesario para las chicas que quieran vestirse de princesa de cuento de hadas o jugar a la *pin-up*. Vestidos de los años veinte, sombreros deliciosos, impermeables *british*... Se puede fisgonear hasta hallar aquel escarpín de terciopelo con el que se sueña desde hace años.
✉ West Point, 151.

CADENHEAD'S

El templo de la alquimia entre el agua, la cebada y el tiempo. En este veterano local, fundado en 1842, se pueden comprar venerables whiskys que esperan un *sir* o una *lady*, con buen paladar,

desde hace años en barriles de roble. Se puede probar antes de comprar.
✉ Canongate, 172.

CUTTEA SARK
En las islas Británicas nunca puede faltar el té. Aquí hay variedades de todos los rincones del mundo y tés aromatizados con toda clase de frutas y de flores. Incluso los incondicionales del café caerán en la tentación.
✉ Victoria Street, 26.

IJ MELLIS CHEESMONGER
Quesos ahumados, con sabor a whisky de malta o a ajo, procedentes de pequeñas granjas donde todo se continúa haciendo artesanalmente. Aquí se puede degustar *cheddar* escocés o queso de las islas de Mull.
✉ Victoria Street, 30a.

Niños

Los niños también pueden disfrutar de unas auténticas vacaciones edimburguesas. Hay sitios y atracciones especialmente dedicados a los más pequeños.

THE MUSEUM OF CHILDHOOD
Un museo en el que los querubines se van a volver locos ante tanto juguete. Además, podrán descubrir con qué fantaseaban los niños de la época victoriana. En The Museum of Childhood se exhiben juegos ópticos, vestidos del siglo XIX, cajitas de música, muñecas...
✉ High Street, 42.
⏲ de lunes a sábado, de 10.00 a 17.00; domingos, de 12.00 a 17.00.

ROYAL BOTANIC GARDEN
Plantas de todos los olores y colores, bosques frondosos, cascadas... y ardillas acostumbradas a la compañía humana. Los más pequeños se lo pueden pasar en grande correteando por los senderos de estos impresionantes jardines.
✉ Inverleith Row, 20A.
⏲ de abril a septiembre, de 10.00 a 19.00; de noviembre a febrero, de 10.00 a 16.00; marzo y octubre, de 10.00 a 18.00.
www.rbge.org.uk

PASEO ENTRE FANTASMAS
Los edimburgueses adoran las historias de los fantasmas. Distintas organizaciones montan itinerarios a pie por la ciudad vieja que sumergen al viajero en las oscuras historias de la capital de Escocia. Los más valientes podrán disfrutar de los sobresaltos que deparan rutas como la de Black Hart

Storytellers (www.blackhart.uk.com), que incluye el aterrador City of the Dead Tour, o la de Mercat Tours (www.mercattours.com). Esta última realiza recorridos históricos durante el día y rutas fantasmagóricas por los tenebrosos sótanos de South Bridge por la noche.

Ocio nocturno

La vida nocturna edimburguesa es animada, aunque acostumbra a acabar pronto. Se puede terminar la velada

En todas sus variantes. En Escocia el whisky es una religión. Hacen hasta quesos al aroma de esta bebida.

en un *pub* de barrio, sentado en un bar de diseño entre gente guapa o lanzándose a una noche loca en alguno de los clubes más de moda de la ciudad. La revista *The List* publica información actualizada de todo lo que se mueve en los sitios más *underground* y más *in* de la ciudad.

THE LAST DROP
The Last Drop, o la última gota. Un local muy concurrido por los estudiantes de Edimburgo que ofrece música en vivo y *happy hours*. La terraza está *overbooking* en verano. Y es que los escoceses adoran el aire libre.
✉ Grassmarket, 74-78.

CAFÉ ROYAL CIRCLE BAR
Nada ha cambiado en este *pub* desde hace 140 años. Revestimientos de madera, espejos, cerámica y un impresionante mostrador oval. Para los que quieran tomarse una cerveza en un ambiente victoriano.
✉ West Register Street, 19.

THE WHITE HART INN
El más veterano de todo Edimburgo. Abrió las puertas en 1516 y ahí sigue. Tiene también su rincón macabro. En las vigas están grabadas las efigies de Burke y Hare, los asesinos que se dedicaron a proporcionar cadáveres frescos a los médicos. Para imbuirse de la cultura escocesa. Hay sesiones de *folk* todas las noches, excepto los sábados.
✉ Grassmarket, 34.

JAZZ CENTRE AT THE LOT
Un club de jazz, instalado en una antigua iglesia, en el que tocan con cierta regularidad estrellas locales e internacionales. Un sitio acogedor donde tomarse una buena cerveza mientras las notas del saxo acarician las orejas.
✉ Grassmarket, 4-6.

WHISTLE BINKIES
Hay que bajar por unas escaleras hasta llegar a unos sótanos de paredes de piedra, en los que persisten

unos tabernarios toneles de roble, y dejarse llevar por las notas del rock y del *blues*. El destino de las aves nocturnas de Escocia.
✉ South Bridge, 4-6.

SANDY BELL'S
Si se quiere saber de qué va esto del *folk*, Sandy Bell's es el sitio. De lunes a jueves hay música tradicional que atrae a una clientela ecléctica. Cuando no hay concierto, los bancos y las sillas los ocupan los vecinos del barrio.
✉ Forrest Road, 25.

THE HONEYCOMB
En los arcos subterráneos de Southbridge los pulsos se aceleran y la gente se desmelena. En The Honeycomb se organizan veladas temáticas, como una dedicada a los *manga*. El sonido es puro delirio.
✉ Niddry Street, 15-17.

Edimburgo gay

La mayoría de locales para gays y lesbianas se extienden alrededor de Picardy Place y a lo largo de la elegante calle de Broughton. Hay muchos. Lo mejor para estar informado de los sitios más de moda es consultar la página *web* www.gayscotland.com

CC BLOOM'S
El único bar gay que abre hasta las tres de la madrugada. Todo un récord en un país en el que no se suele trasnochar demasiado. En los sótanos hay una discoteca en la que mueve el esqueleto una clientela ecléctica. Apto para todas las edades.
✉ Greenside Place, 23.

JOY
En este local gay, frente al Playhouse Theatre, pinchan los mejores *dj's* de la ciudad y los pulsos se van acelerando a medida que avanza la noche. Se empieza con el *funky house* y se acaba con el *trance*.
✉ The Venue, Calton Road.

PLANET OUT
Este local, muy cerca del CC Bloom's, seduce a los más jóvenes. Hay espectáculos en directo y los días más populares son los lunes, cuando el bar ofrece atractivos descuentos.
✉ Baxters Place, 6.

Mapa de transportes

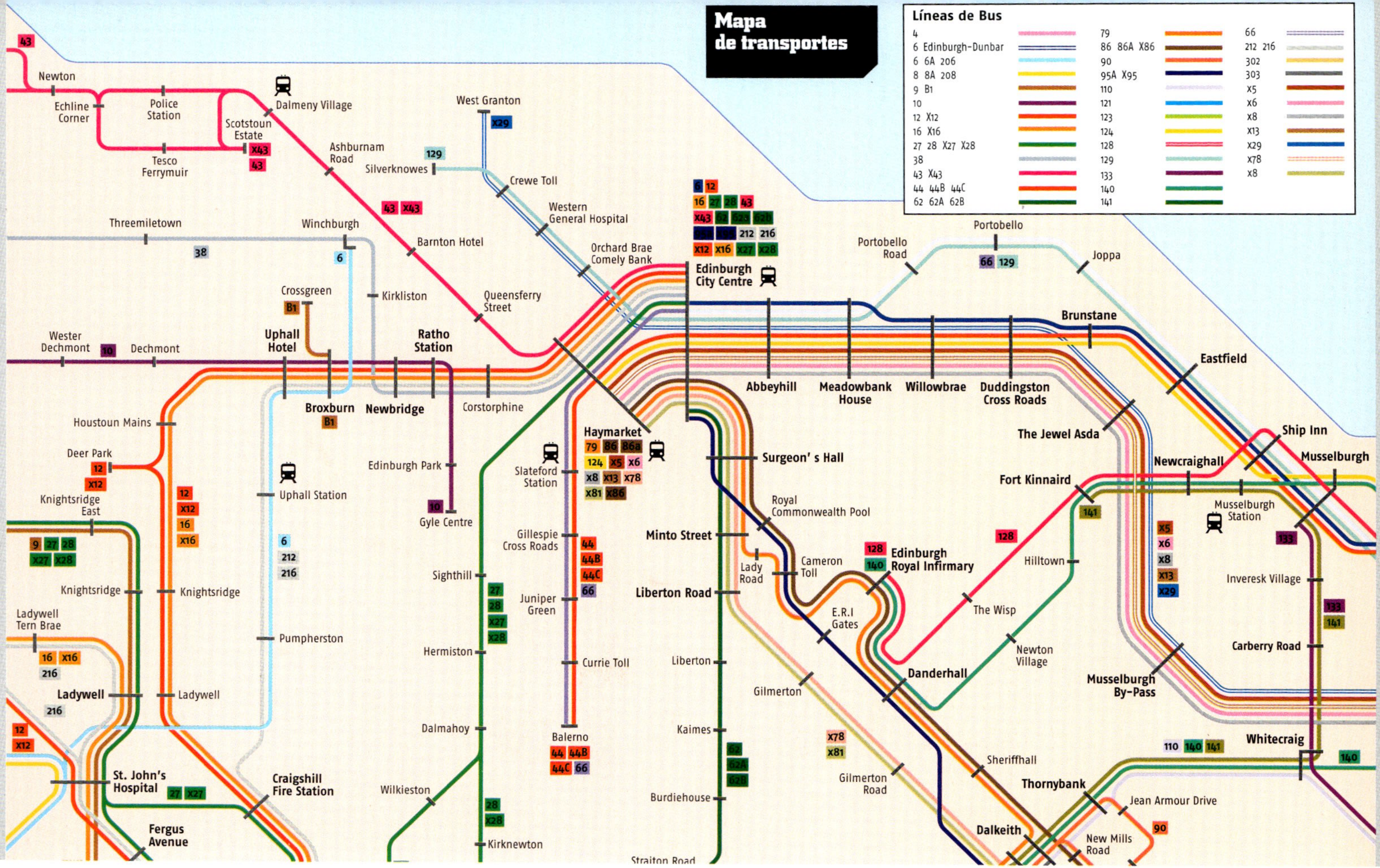

Idea original y realización: ARA LLIBRES SCCL
Impreso por: Litofinter, SA

Diseño: Júlia Font i Cèl·lula
Edición: Montserrat Costas
Coordinación editorial y maquetación: 3'14, Servicios Editoriales, SL
Texto: Sílvia Marimón
Edición gráfica: Montse Marcet y Mariona Rovira
Cartografía: Enric Sorribas / Geotec
ISBN obra completa: 978-84-9815-127-5
ISBN: 978-84-9815-147-3
Depósito Legal: M-8208-2008